Alain Charlemoine

Herr Maier wird zum

Teo...serviert.

Ein satirisch-politisches Theaterstück

Danksagung

An dieser Stelle möchte ich vor allem allen Menschen danken, die für die Abschaffung der Residenzpflicht sind. Auch den Menschen, die gegen Ausgrenzung und für Gleichberechtigung und Freiheit auf Selbstbestimmung kämpfen.

Großes Dankeschön an Canan, dass du das Manuskript korrigiert und mich ständig unterstützt hast. Danke auch an Irie Révoltés für ihr Engagement und für ihre Lieder.

Danke an Pablo und Carlos, meine Söhne, die ständig hinter mir stehen, auch wenn ich mit diesem Staatsapparat Probleme bekommen habe. Schließlich gilt mein herzlicher Dank Rapace Muaythai Berlin und Heidelberg united against racism, The Voice, mouvement mondial.

Alain Charlemoine

Herr Maier wird zum Teo...serviert.

Ein satirisch-politisches Theaterstück

Die Personen

Herr Lothar Maier

Frau Helga Maier

Frau Maria Sanspapiers

Felix Sanspapiers

Amie Sanspapiers

Herr Kommissar Abdruck

Erster Polizist

Zweiter Polizist

Herr Spitzel vom BBA (Bundes-Belausch-Amt)

Herr Profit

Herr V

Herr Schneider

Frau Schneider

1. AKT

– 1. Szene –

In dem Raum Kameras, überall sitzen die Schauspielern, sind mit Sonnenbrillen und einer kleine Antenne am Ohr ausgestattet. Die Zuschauer kommen und setzen sich. Auf ein Signal (kleiner Lichtstrahl auf der Leinwand, drehen sich die Schauspieler zu ihrem Nachbarn und fragen: Sitzen Sie auf dem richtigen Sitzplatz...? Wie heißen Sie bitte? Dann stehen die Schauspieler auf und gehen gemeinsam wie Roboter hinaus. Spot auf die Bühne. Es wird gesagt: „Entschuldigung, aber wir können nichts dafür. Sie sind leider erfasst worden...

(Dis-moi où von Irie Révoltés wird kurz angespielt).

Eine Küche oder ein Wohnzimmer im Hause der Maiers. Auf der rechte Seite der Bühne ein gedeckter Frühstücktisch, es ist ungefähr 6.30 Uhr am Morgen. Herr und Frau Maier sitzen am Tisch.

Frau Maier: Lothar, ich habe dir das Ei zweieinhalb Minuten gekocht, wie du es magst und mir befohlen hast: *(halb froh)* SO wird ein Ei gekocht, sagst du.

Herr Maier: Ausgezeichnet, Helga, deswegen bin ich seit 30 Jahren mit dir verheiratet. Du bist ein prächtiges Mädchen und gut erzogen worden.

Frau Maier (wird ein wenig rot von dem Kompliment): Oh danke, Lothar, danke...Hmmm. Lothar, ich möchte dich gerne etwas fragen.

Herr Maier (ein wenig verärgert): Schon wieder. Helga, du weißt ganz genau, dass ich es überhaupt nicht mag, vor der Arbeit gefragt zu werden. *(kurze Pause)* ... Aber wenn es sein muss, bitteschööön.

Frau Maier: Schon gut, Lothar, schon gut. Es kann bis heute Abend warten.

(Pause.)

Frau Maier (kann trotzdem nicht warten): Äh, hm... ich wollte nur sagen: neulich traf ich... beziehungsweise war ich bei den Schneiders und...

(Herr Maier unterbricht seine Frau)

Herr Maier: Na und, willst du mir sagen *(er imitiert seine Frau)*, dass Frau Schneider eine neue Tischdecke hat oder so etwas?!

Frau Maier: Nein, um Gottes willen. Frau Schneider erzählte mir, dass sie ausziehen werden und dass etwas Ausländisches ihre Wohnung übernehmen wird!

Herr Maier (erstaunt): Wie bitte? Was meinst du mit „etwas Ausländisches"? Bedeutet das, dass die neuen Nachbarn nicht inländisch sein werden?

Frau Meier (ein bisschen kindisch): Sooo ähnlich. Ja, sie hat sogar gesagt: diese

Menschen können unsere schöne deutsche Sprache nicht sprechen.

Herr Maier (nimm sein Frau nicht so ernst): Ach, hör auf mit so einem Unsinn, glaubst du im Ernst, dass die Herren unserer Regierung Leute, die kein deutsch verstehen und sprechen, einfach in unser Land hineinlassen werden? Es gibt bei uns, wie ich gehört habe, Sprachprüfungen für Ausländer. Also…

Frau Maier: Ja, es stimmt, Lothar. Ich habe selbst so etwas im Fernsehen gesehen und Frau Schneider spinnt sowieso ein wenig *(sie glaubt nicht ganz, was sie sagt).* Aber wie kommt es, woher weiß Frau Schneider darüber Bescheid, dass

Ausländische einziehen...? *(schaut Lothar an)* Wenn es wahr wäre, dann....

Herr Maier (ärgerlich): Ach so ein Quatsch! Diese Schneiders haben nicht alle Tassen im Schrank. *(Mit singender Stimme)* Und auch wenn diese Ausländischen kommen und so weiter, dann werden wir ihnen richtig deutsch beibringen. *(Wieder ernste Stimme)* So, jetzt muss ich zur Arbeit. Die Pflicht ruft. Auf Wiedersehen!

Frau Maier: Auf Wiedersehen, Lothar.

Licht kurz aus. Lied: Irie Révoltés – Travailler wird gespielt.

– 2. Szene –

Herr Maier trifft wie jeden Morgen Herrn Schneider auf dem Weg zur Arbeit im Hausflur.

Herr Maier (kühl aber höflich): Guten Morgen, Herr Schneider.

Herr Schneider: Guten Morgen, Herr Maier. Wie immer pünktlich zur Arbeit. Das ist gut, sehr gut. Gehört zu den deutschen Tugenden: Pünktlichkeit, Sauberkeit, Sicherheit und Arbeit…

Herr Maier: Ganz recht, so ist es, so ist es…

Herr Schneider: Jawohl, jawohl, das ist unsere Kultur…Haben Sie schon gehört, Herr Maier, wir werden ausziehen und leider muss ich Ihnen sagen, Herr Maier, unsere schöne Wohnung wird an Ausländer weiter vermietet…armes Deutschland!

Herr Maier: Wie bitte? Sagen Sie mal, wieso „armes Deutschland"? Ich verstehe nicht, Deutschland ist nicht arm *(mit Stolz).* Deutschland gehört zu einer der reichsten Nationen der Welt und ich bin sehr stolz, dass ich zu diesem Erfolg meinen Teil beitragen durfte.

Herr Schneider *(sauer)*: Ja, schon gut. So habe ich es nicht gemeint, es ist wegen dieser Ausländer. Jawohl, bei uns in Deutschland bekommen sogar einige dieser Ausländer die deutsche

Staatsbürgerschaft. Deswegen armes Deutschland, wo führt uns das hin?

Herr Maier: Na sowas. Ich verstehe Sie nicht ganz, Herr Schneider. Was wollen Sie damit sagen: deutsche Staatsbürgerschaft?

Herr Schneider (verärgert darüber, dass Herr Maier nicht einer Meinung mit ihm ist): Dass diese Ausländer die deutsche N A T I O N A L I T Ä T bekommen *(wiederholt diesen Satz zweimal).* Armes Deutschland, was wird nur aus unserem Vaterland?

Herr Maier (ironisch): Aber sagen Sie mal. Sie sind doch dann keine Ausländermehr, wenn sie die deutsche Staatsangehörigkeit bekommen haben......

Außerdem, ihr Vater kommt doch auch aus Rumänien, Herr Schneider. Sie haben es mir selbst gesagt, aus Rumänien.

Herr Schneider (außer sich vor Wut): Ja, aber sie waren deutsch. Dieses Gebiet in Rumänien hat zum Reich gehört. Jawohl, zum Reich gehört *(Pause)*. Ich muss meinen Bus erreichen. Auf Wiedersehen, Herr Maier.

Herr Maier: Auf Wiedersehen, Herr Schneider.

(Zum Publikum) Ich verstehe Herrn Schneider nicht... Warum macht er sich Sorgen?

(Schaut Leute in Publikum mit fragendem Blick an) Unsere Regierung ist dazu da,

um uns zu schützen, oder? Oder? Ich muss
zu Arbeit

*Licht aus. Lied: Irie Révoltés – Laisser les
gens passer wird gespielt.*

– 3. Szene –

*Frau Maier trifft Frau Schneider in
Hausflur.*

Frau Maier: Guten Tag, Frau Schneider.
Wie schade, dass Sie ausziehen werden...
Sie sind immer gute Nachbarn gewesen.
Neulich sagte ich zu meinem Mann:
„Schade, dass die Schneiders weggehen."
*(geheuchelt, nicht ernst gemeint, es gehört
sich aber, so etwas zu sagen)*

Frau Schneider: Vielen Dank, guten Tag,
Frau Maier. Ich sagte kürzlich dasselbe zu
meinem Mann: „So nette Nachbarn wie
die Maiers werden wir so schnell nicht
wieder finden *(geheuchelt, nicht ernst*

gemeint, Pause) Ich hoffe, dass Sie mit diesen Ausländischen keine Problem bekommen werden. Mein Mann sagte, wir sind nicht mehr Herr in unserem eigenen Land und Deutschland kann nicht noch mehr Ausländische und Asylbewerber aufnehmen...oder?

Frau Maier: Ja, ja, da haben Sie Recht, wir müssen auch an uns denken. Mein Mann hat gesagt, in manchen afrikanischen Ländern müssen Flüchtlinge, die wegen Kriegen fliehen, aufgenommen werden. Obwohl die Länder dort nicht die Kapazitäten haben, diese Menschen aufzunehmen. Und dass Deutschland nur sehr wenige dieser Kriegsflüchtlinge aufnehmen will.

(Frau Maier nachdenklich)

Frau Schneider: Ja, aber man kann auch nicht alles glauben, was die Medien schreiben. Sie werden sehen, Frau Maier, ja sehen, wir hinterlassen die Wohnung piccobello und ich wette mit Ihnen, dass die Wohnung innerhalb von zwei Tage – nein einem Tag – von diesen Menschen schmutzig und kaputt gemacht wird. *(Frau Schneider läuft weiter in Flur)* Diese Ausländischen…Auf Wiedersehen.

Frau Maier: Auf Wiedersehen.

(Frau Maier zum Publikum) Ich bin sehr gespannt, was für Menschen hier einziehen werden!

(Mit dem Finger aufs Publikum zeigend)

Sie nicht, Sie nicht, Sie nicht.

Licht aus. Lied: Irie Révoltés – Soleil
wird gespielt.

– 4. Szene –

Die ausländische Familie ist eingezogen,
Sie klingelt bei den Maiers. Frau
Sanspapiers hat Blumen mitgebracht. Die
Familie kommt auf die Bühne.

Frau Sanspapiers: Guten Tag, wir sind Ihre
neue Nachbarn. Bei uns gibt es eine
Willkommen-Sitte: Wir bringen Euch
Blumen als Zeichen für Fröhlichkeit,
Freundschaft und Frieden.
 (Frau Sanspapiers überreicht Frau Maier
die Blumen.)

Frau Maier (berührt): Oh, vielen Dank.
Ich, Ich bin...

Frau Sanspapiers: Das ist in Ordnung, wir
hoffen auf eine gute Nachbarschaft *(Pause.*

Die Frauen schauen sich gegenseitig an)

…und ich werde selbstverständlich das Treppenhaus und den Hof sauber machen…

(Die Kinder/Jugendlichen begrüßen die Maiers.)

Felix (höflich): Guten Tag, wir freuen uns, Ihre Bekanntschaft machen zu dürfen.

Amie (höflich): Guten Tag. Ich freue mich auch.

Herr Maier: Guten Tag, das ist sehr nett von Ihnen. Sie müssen aber nicht ständig das Treppenhaus und den Hof putzen. Wir haben hier eine Hausordnung. Jawohl, eine Hausordnung und jede Familie muss einmal monatlich sauber machen. *(Pause. Herr Maier schaut die Jugendlich an.)* Entschuldigt meine Neugierde. Ihr geht doch bestimmt in die Schule, oder?

Felix und Amie: Ja Ja.

Felix: Ich gehe aufs Gymnasium und bin in der 11. Klasse.

Amie: Ich auch und ich bin in der 13. Klasse... später möchte ich gerne mal Anwältin werden....

Herr Maier (sehr überrasch): So so, gut, sehr gut. Ihr geht also aufs Gymnasium und ihr habt –wie es aussieht – keine Probleme mit unserer Sprache?

Amie: Ach so, Sie meinen mit der deutschen Sprache? Überhaupt nicht. Ich habe sogar eine 1– in Deutsch.

Felix: Ich auch, das ist mein bestes Fach und...(*die Mutter zieht ihre Kinder zur Seite und verabschiedet sich*) Auf Wiedersehen (*gemeinsam*).

(*Die Familie Sanspapiers ist weg. Helga und Lothar sind in der Mitte der Szene*)

Frau Maier: Lothar, hast du gesehen, dass Frau Sanspapiers fast einwandfrei deutsch geredet hat? Und ihre Kinder könnten sogar fehlerfrei und akzentfrei sprechen! Erstaunlich, merkwürdig. (*Helga schaut sehr überrascht.*)

Herr Maier: Wieso merkwürdig? Ich habe dir doch gesagt, Helga. UNSERE REGIERUNG lässt diese Menschen nicht in unser Land, ohne vorher geprüft zu haben, ob sie unsere Sprache verstehen und sprechen können. So ist das... Ich frage mich, warum die Schneiders so über diese Menschen gehetzt haben?

Frau Maier: Oh ja, ja. Frau Schneider mit ihrem Ausländerwahnsinn… Ach Lothar, ich bin froh, dass wir *(dreht sich zum Publikum)* nicht so sind. Wir sind …*(nachdenklich).*

Herr Maier: …gute Deutsche.

Frau Maier: Ja genau, gute Deutsche!

(Licht aus. Bühne: Wohnung der Sanspapiers. Frau Sanspapiers und Amie unterhalten sich, Felix kommt herein.)

Felix: Scheiß Deutsche, die sind dumm! Diese Kartoffelfresser können kein Spaß und...

Frau Sanspapiers: Hör auf so zu reden! Das ist nicht gut.

Felix: Aber Mama, schau, wie sie mit dir umgehen, wie sie dich ausbeuten. Uns haben sie nur Duldung gegeben. Sie bescheißen uns. Ist es nicht so?

Frau Sanspapiers: Ja schon, aber nicht alle Menschen sind so. Bei uns gibt es auch viele Menschen, die im Glauben sind, dass wir besser, schöner und klüger sind als die anderen. So eine Dummheit…

Amie: Es stimmt, was Mama sagt. Übrigens: meine deutschen Freunde sind in Ordnung.

Felix: Ach komm, vielleicht DEINE FREUNDE. Aber die Kartoffelfresser sind Rassisten und fremdenfeindlich und unsere Nachbarn… *(imitiert mit lustiger Stimme)* „Habt ihr keine Probleme mit unserer Sprache?"

Amie: Hör auf, Felix, bitte! Ich kann das nicht hören. DU bist jetzt der Rassist und stößt andere aus. Du diskriminierst selber!

Felix: Sag mal, spinnst du *(aufgeregte Stimme)*? Ich ein Rassist?!

Frau Sanspapiers: Streitet euch bitte nicht. Ihr seht, das ist nicht einfach. Überall lauert die Diskriminierung. *(Mit trauriger Stimme)* Euer Vater hat für die Abschaffung der Diskriminierung und für Gleichberechtigung gekämpft. Deswegen hat man ihn gefoltert und getötet und deshalb sind wir hier...*(sie weint).*

Felix: Entschuldigung, Mama und auch dir, Amie. Das war dumm von mir. Meine Freunde schimpfen ständig gegen die Deutschen und ich muss gestehen. es steckt an. Ich will das nicht mehr *(geht zu den Zuschauern und schüttelt den Kopf)* Ich will nicht mehr, ich will nicht mehr....

(Licht aus. Lied: Irie Révoltés – Des Fois)

2. AKT

– 1. Szene –

Herr und Frau Maier sitzen am Frühstückstisch in der Mitte der Bühne. Frau Maier liest die Bildzeitung.

Herr Maier: Helga, Helga! *(Frau Maier schaut ihren Mann an.)* Heute habe ich zwei Jugendliche aus der Nachbarschaft in der Innenhof gesehen und stell dir vor: sie rauchten...

Frau Maier (desinteressiert, blickt nicht von der Zeitung auf): Ja, ja…

Herr Maier: Als ich an ihnen vorbeiging, roch da etwas sehr gut und ich konnte nicht anders als sie zu fragen, welches Parfüm sie benutzen.

Frau Maier (noch immer desinteressiert): Na sowas…

Herr Maier: Sie antworteten mir, es sei Marijduft und lachten fröhlich. Ich werde dir auch so ein Parfüm kaufen, Helga!
(Herr Maier wird ein wenig rot im Gesicht.)
Frau Maier: Oh danke, Lothar. Ich würde mich sehr erfreuen. Ich habe nämlich kein Parfüm mehr und der Zeitpunkt ist sehr passend. Nächste Woche habe ich mich mit der Frau des Kommissars Abdruck verabredet. (*Frau Maier verzieht das Gesicht. Sie bekommt sehr starke Bauchschmerzen und legt die Hand auf ihren Bauch.)* Lothar, ich fühle mich nicht

wohl, ich habe starke Bauchschmerzen...Ich glaube wohl, dass ich heute lieber das Bett hüten sollte.

Herr Maier: So ein Mist und das ausgerechnet jetzt, wo ich zur Arbeit muss. (*Herr Maier nachdenklich.*) Aber ich kann dich auch nicht alleine lassen, du siehst nicht gut aus...

Frau Maier: Mach dir keine Sorgen, ich komme schon allein zurecht...Ich werde Herrn Doktor Auaweh anrufen, damit er vorbeikommt. (*Frau Maier verzieht das Gesicht und legt ihre Hand wieder auf den Bauch.*)

Herr Maier (bedrückt): Helga, ich sehe doch, dass du starke Schmerzen hast.

(Herr Maier läuft auf der Bühne hin und her. Pause.) Ich, ich werde unsere neue Nachbarin fragen, ob sie Zeit hätte, bei dir zu bleiben bis der Herr Doktor vorbeikommt.

Frau Maier (unter Schmerzen): Aber Lothar, meinst du wirklich...?

Herr Maier: Schon gut, ich weiß, dass man Nachbarn eigentlich nicht um so etwas bittet, aber ich muss zur Arbeit gehen *(zappelig)* und wir haben keine andere Wahl. *(Herr Maier geht in Richtung Tür, seine Aktentasche unter dem Arm.)* Ich wünsche dir gute Besserung. Auf Wiedersehen.

Frau Maier: Auf Wiedersehen, hast du dein Butterbrot dabei?

Herr Maier ist schon auf der Gang und man hört „Ja, ja". Er klingelt an der Tür der Sanspapiers, man hört die Stimme von Herrn Maier.

Herr Maier: Entschuldigen Sie die Unannehmlichkeiten, ich möchte Sie nicht belästigen. Ich möchte Sie fragen, ob es für Sie möglich wäre zu meiner Gattin zu gehen. Sie fühlt sich heute nicht wohl. Es wäre nur bis der Herr Doktor kommt…

Frau Sanspapiers: Selbstverständlich, das tue ich gern. Unter Nachbarn sollten wir uns gegenseitig helfen.

Herr Maier: Oh, haben Sie vielen Dank. Wissen Sie, ich muss zur Arbeit. *(Pause. Herr Maier etwas verhalten.)* Natürlich müssen Sie uns sagen wie viel wir Ihnen schuldig sind. *(Herr Maier macht mit den Fingern das Zeichen des Geldes.)*

Frau Sanspapiers (ein wenig beleidigt): Aber nicht doch, nie im Leben würde ich Geld verlangen! Ich mache es, weil ich es gern tue...

Herr Maier: Entschuldigung, ich muss jetzt los. Auf Wiedersehen und nochmals danke.

Frau Sanspapiers: Auf Wiedersehen. *(Frau Sanspapiers klingelt bei Maiers.)*

Frau Maier: Entschuldigen Sie bitte die Unannehmlichkeiten…ich...

Frau Sanspapiers: Machen Sie sich keine Gedanken, ich tue es gern. Wenn Sie möchten kann für Sie Tee kochen.

Frau Maier: Ja gern, ich zeige Ihnen die Küche.

(Die beiden Frauen sind von der Bühne weg. Kurz danach kommen sie wieder mit einer Kanne Tee und Tassen. Sie setzen sich an den Tisch und trinken.)

Frau Maier (fühlt sich schon besser): Entschuldigen Sie meine Neugier…

Frau Sanspapiers: Wir können uns duzen.

Frau Maier: In Ordnung. Also…warum bist du nach Deutschland gekommen? Hast du keinen Mann?

Frau Sanspapiers: Ja, mein Mann… Mein Mann ist gestorben.

Frau Maier: Oh, bitte verzeihen Sie mir. Ich wusste es nicht...

Frau Sanspapiers: Ist schon in Ordnung. In dem Land, aus dem ich komme, herrscht so etwas wie ein Bürgerkrieg. Jeden Tag werden Menschen dort getötet oder gefoltert. Frauen werden vergewaltigt, Menschen verschwinden...

Frau Maier: Wie schrecklich! Macht die Regierung denn nichts dagegen?

Frau Sanspapiers: Es ist die Regierung selbst, die das tut. Wegen Bekämpfung des Terrorismus, sagen sie...

Frau Maier (sehr erstaunt): Na sowas, das kann doch nicht wahr sein! Bei uns würde so etwas nicht passieren.

Frau Sanspapiers: Mein Mann hat gegen diese Ungerechtigkeit und Diskriminierung gekämpft. Eines Tages nahm ihn die Polizei fest. Sie haben ihn gefoltert und sie haben ihn getötet. *(Ihr Gesicht wird traurig.)*

Frau Maier: Oh mein Gott, ist das schrecklich! Wie konnte das passieren?

Frau Sanspapiers: Wir hatten Angst, sie wollten auch meine Kinder festnehmen.

Es blieb uns nur, die Flucht zu ergreifen...So sind wir geflüchtet und kamen nach Deutschland.

Frau Maier: Oh, es tut mir leid. Wie genau sind Sie denn dann nach Deutschland gekommen?

Frau Sanspapiers: Vielleicht hast du schon von Flüchtlingsbooten gehört?

Frau Maier: Ja, ein wenig. Ich habe im Fernsehen etwas darüber gesehen.

Frau Sanspapiers: So sind wir hier gelandet...Wir haben hier Asyl beantragt dann sind wir in einem Aufnahmelager untergebracht worden. Mittlerweile habe ich eine Aufenthaltsgenehmigung bekommen. Aber meine Kinder haben nur Duldung.

Frau Maier: Entschuldigung, ich verstehe dich nicht ganz: Deine Kinder haben keine richtige Aufenthaltserlaubnis bekommen und werden hier nur geduldet?

Frau Sanspapiers: Das verstehe ich auch nicht und ich muss dir etwas gestehen: Ich habe jeden Tag Angst, dass die Polizei meine Kinder mitnimmt und ins Gefängnis wirft, wie bei uns. Und dann werden sie abgeschoben.

Frau Maier: Verzeih mir, ich verstehe nicht. Wieso werden sie abgeschoben und wohin? Du hast mir erzählt, dass bei euch etwas Ähnliches wie Bürgerkrieg herrscht, oder? Du brauchst dir keine Sorgen zu machen, in unseren Gefängnissen wird nicht gemordet.

Frau Sanspapiers: Daran glaube ich nicht mehr. In einem Gefängnis hier in Deutschland ist ein Asylbewerber namens Oury Jalloh ermordet worden. Beziehungsweise, man hat ihn verbrannt in seiner Zelle gefunden.

Frau Maier: Oh mein Gott, hören Sie auf! Nicht bei uns, nicht bei uns! *(Zum Publikum)*

(Frau Sanspapiers merkt, dass Frau Maier gekränkt worden ist.)

Frau Sanspapiers: Es ist richtig, was Sie vorhin gesagt haben. Die Bundesregierung erkennt die Lage nicht als Bürgerkrieg an, sondern stuft es als „unruhige Lage" ein. Und die Bundesregierung unterstützt die Regierung dort...

Frau Maier: Ich…ich bin sprachlos. Ich weiß nicht, was ich sagen soll.

Frau Sanspapiers: In Ordnung, ist schon gut. Sag mal, hast du Kinder?

(Licht langsam aus. Lied: Irie Révoltés – Des Fois. Bilder Auf der Leinwand: Dürre, Hungersnot, Kriege, dann Bilder von Flüchtlingen auf dem Weg nach Europa, dann Bilder von ermordeten Flüchtlingen in der BRD, Oury usw. …)

– 2. Szene –

Frau und Herr Maier sind in der Mitte der Bühne. Herr Maier liest die Zeitung.

Frau Maier: Lothar, ich muss dir etwas sagen. Die Nachbarin ist eine sehr nette Frau und sehr hilfsbereit. Sie hat mir erzählt, dass ihr Mann gefoltert und getötet wurde.

Herr Maier: Wieso denn...wie kommt das?

Frau Maier: Sie sagt, ihr Mann hatte in ihrem Heimatland gegen Diskriminierung und gegen Ungerechtigkeit gekämpft und...

Herr Maier: So was? Ist das wahr?

Frau Maier: Und dass unsere Regierung die Regierung dort unterstützen würde. Kannst du dir das vorstellen, Lothar? Kannst du dir das vorstellen?

Herr Maier: Ach komm, nie im Leben. Unsere REGIERUNG steht für Demokratie und für das Menschenrecht. Es steht in unserer Verfassung geschrieben und...

Frau Maier: Aber Lothar, ich glaube nicht, dass Frau Sanspapiers, unsere Nachbarin, lügt. Sie war sehr berührt als sie mir es erzählt hat.

Herr Maier (glaubt seiner Frau nicht ganz): Ja, schon gut, aber vielleicht übertreibt sie auch ein wenig. Diese Menschen übertreiben gerne mal, das gehört zu ihrer Mentalität.

Frau Maier (hat sich über diese Antwort sehr geärgert): ICH BITTE DICH, Lothar, das glaube ich nicht. Sie erwähnte auch, dass die Möglichkeit besteht, dass ihre Kinder abgeschoben werden.

Herr Maier: Wie bitte?! Abgeschoben? Und wohin sollen sie abgeschoben werden?

Frau Maier: In ihr Heimatland. Sie sagte auch, dass sie eine Aufenthaltserlaubnis bekommen hat, aber ihre Kinder werden hier nur geduldet.

Herr Maier: Seit wann werden bei uns Kinder abgeschoben? Wir stehen für das

Recht und den Schutz von Kindern. *(Herr Maier zum Publikum)* So ist es doch, oder? Was meinem Sie? *(Herr Maier setzt sich auf die Bühne und steht gegenüber jemanden im Publikum. Pause. Dann steht er auf, läuft auf der Bühne, fragend umher.)* Es steht auch in den Konventionen der Menschenrechte und wir Deutschen, jawohl, wir Deutschen haben diese Konventionen unterschrieben!

Frau Maier: Oh Lothar, was können wir tun? Wir müssen etwas unternehmen. Mein Gott...

Herr Maier: Frau, bitte übertreibe nicht. Du bist zu sensibel, typisch Weib.

Frau Maier (ist tief getroffen von dieser Antwort): Was heißt hier „zu sensibel"? Und ihr Männer, ihr seid zu hart!

Herr Maier: Entschuldigung, ich habe es nicht so gemeint *(beschwichtigend, meint es nicht wirklich so, wie er es sagt)*, aber manchmal, das musst du zugeben, bist du ein wenig hysterisch... Ach lassen wir das. Lass mich nachdenken!

(Licht geht aus. Die Bühne wird schnell umgebaut: auf der einen Seiten Hausflur. Dort stehen zwei Polizisten sowie die Familie Sanspapiers. Plötzlich ein lautes Schreien.)

Frau Sanspapiers (schreit): Nein, bitte nicht meine Kinder!

Herr Maier: Was tun Sie da? Lassen Sie bitte diese Kinder in Ruhe!

Amie: Mama, beruhige dich! Weine nicht! Wir klären alles und Sie *(zum Polizisten)*, fassen Sie mich bitte nicht so an! Ich bin keine Verbrecherin, ich bin ein Mensch.

Herr Maier (außer sich): Ich bitte Sie, lassen Sie diese Kinder sofort los! Ich versichere Ihnen, dass diese Menschen ordentlich und gute Schüler sind.

Erster Polizist (autoritär mit Finger zeigend): SIE! Passen Sie auf, was Sie sagen! Wir überprüfen die IDENTITÄT dieser Personen, deswegen nehmen wir sie auch auf das Revier mit.

Herr Maier: Was? Was soll das heißen, ihre IDENTITÄT nachprüfen? Muss das auf dem Polizeirevier sein?

Zweiter Polizist (ein wenig in Verlegenheit geraten): Hören Sie zu, wir reden nicht mit Ihnen. Das kann teuer für Sie werden – Sie verhindern die Arbeit der Polizei!

Herr Maier (wütend): WAS?! WIE BITTE?! Ich habe mich wohl verhört.

(ironisch nachäffend) „Die Polizeiarbeit verhindern" – sind Sie noch ganz bei Trost? *(Er stellt sich demonstrativ vor die Polizisten mit empörter Körperhaltung.)*

Zweiter Polizist (flippt aus): Moment mal! Stellen Sie sich nicht so an, sonst… sonst… ICH werde Sie mitnehmen!

Herr Maier: Schon gut, schon gut. Ich komme mit aufs Revier und ich werde mich bei Ihrem Chef Herrn Kommissar Abdruck beschweren. *(zu Frau Sanspapiers)* Gehen Sie zu meiner Gattin, ich kümmere mich um Ihre Kinder.

(Die Polizisten nehmen die Kinder fest.)

Amie + Felix: Mama, wir lieben dich. Mama, wir lieben dich!!!

(Frau Sanspapiers schreit, weint und fällt in Ohnmacht. Sie liegt auf der Bühne, Frau Maier eilt zu ihr.)

(Licht geht aus, laute Stimmen im Hintergrund: „Polizisten sind auch Menschen, oder? Polizisten sind auch Menschen, oder!?" Lied: Irie Révoltés – Poulet)

– 3. Szene –

Herr Maier ist bei der Polizei. Im Büro des Kommissars Abdruck.

Herr Maier: Guten Abend, Herr Kommissar Abdruck.

Kommissar: Guten Abend. Herr Maier. Wie geht es der Gattin?

Herr Maier: Danke, gut. Ich will Klartext mit Ihnen reden: Ich möchte, jawohl, ich, als guter Bürger dieser Stadt und dieses Landes, möchte mich darüber beschweren, dass...

(Während Herr Maier redet, dreht sich der Kommissar zum Publikum und imitierte ihn „blablabla" mit den Händen und entsprechendem Gesichtsausdruck.)

Herr Kommissar: Ja, ja, Herr Maier. Was wollen Sie mir eigentlich sagen? Ich habe leider nicht so viel Zeit.

Herr Maier: Ich sagte es bereits: mich beschweren über Ihre Kollegen. Ja, Ihre KOLLEGEN! Sie haben mich zurückgewiesen und angepöbelt. Darüber hinaus haben diese Polizeibeamten die zwei Nachbarskinder mitgenommen und abgeführt, wie Verbre...

(Der Kommissar unterbricht Herrn Maier energisch.)

Kommissar: Es stimmt, aber das ist reine Routine zur Überprüfung ihrer Identität.

Herr Maier: Ja, ja, IDENTITÄT.

Kommissar: Wissen Sie, ganz unter uns: Diese Ausländer leben bei uns oft illegal…

Herr Maier: Illegal? Illegal? Was bedeutet „illegal", ich verstehe nicht...

(Der Kommissar ist verwirrt, er weiß nicht, was für eine Erklärung er geben kann.)

Herr Kommissar: Moment mal, einen Augenblick, bitte! Entschuldigen Sie mich.

(Der Kommissar steht auf und geht nach nebenan zu einem Tisch, auf dem viele Flugblätter liegen.)

Kommissar: Wie kann ich meinem Straßen-Nachbarn erklären, was illegal bedeutet?

Polizeibeamter: Äh…schwierige Frage, ich weiß es auch nicht, Herr Kommissar. Aber einen Augenblick mal bitte, dort liegen Flugblätter, vielleicht gibt es eines, das uns diese Information geben kann. Da, bitteschön, Herr Kommissar *(reicht ihm eine Broschüre)*.

Kommissar (liest laut vor Publikum): Legal, illegal, scheißegal…Das kann man nicht sagen, oder?

Polizeibeamter: Jetzt habe ich etwas *(liest laut vor)*: Illegal = jemand hält sich nicht…

Kommissar (unterbricht ihn und verlangt hektisch mit der Hand das Flugblatt): Das ist gut!

(Er geht zu Herrn Maier zurück.)

Kommissar: So, da haben wir es. Also, illegal bedeutet, jemand hält sich nicht rechtmäßig und ordnungsgemäß an einem Ort auf.

Herr Maier: Aber Herr Kommissar Abdruck. Ich versichere Ihnen, dass sich diese Kinder ordnungsgemäß hier bei uns aufhalten. Und übrigens, die beiden gehen aufs Gymnasium...

Kommissar: Na und?! Im Übrigen wissen wir ebenfalls, dass sie zur Schule gehen. Aber wie gesagt, es ist reine Routine. Sie müssen verstehen, Herr Maier. Wir haben einen Anruf von jemandem erhalten, der sagte, dass diese Kinder illegal und Musuli...sind.

Herr Maier: Mensch Meier, soll das heißen, dass die Polizei jedem Anruf nachgeht?

Kommissar: Gewiss nicht, sonst müssten wir tausenden nachgehen. Dazu kommt, dass die Anrufe Tag und Nacht getätigt werden. *(Pause. Zieht Grimassen.)* Unsere Bürger und Bürgerinnen rufen ständig an. Selbst wenn ihre Nachbarn nicht zur gewohnten Uhrzeit aufs Klo gehen. Ja ja..

Herr Maier: Nein, tatsächlich? Rufen die Bürgerinnen und Bürger wirklich wegen solcher belanglosen Dinge an? Selbst wenn ihre Nachbarn nicht richtig scheißen? Ist das wahr? So was Peinliches... *(erstaunt)*

Kommissar: Sie sagen es. Gewiss, ja, wir Deutschen sind es schon gewohnt, unsere Nachbarn ein wenig auszuspio…äh zu beobachten.

Herr Maier: Wir müssen aufpassen, dass alles in Ordnung geht.

Kommissar: So ist es und nur deswegen kann unser Staat so gut funktionieren: Durch die gegenseitige Beobachtung der Bürgerinnen und Bürger.

Herr Maier: Ich bin ein treuer Bürger dieses Staat und stolz darauf, aber ich spioniere nicht meine Nachbarn aus.

Kommissar: Schon gut, Herr Maier, aber unter uns: Sie schauen doch auch hin und wieder, ob Ihre Nachbarn das Auto richtig geparkt haben. Und Sie sind sehr erfreut, wenn unsere Polizei, der Freund und Helfer *(grinst)* der Bürgerinnen und Bürger da ist, um wieder für Ordnung zu sorgen.

Herr Maier: Ja natürlich...Es stimmt, die Polizei soll unser Freund und Helfer sein. Und als Freund und Helfer können Sie, Herr Kommissar, doch nun diese Kinder nach Hause schicken, oder?

Kommissar: Hm, Moment bitte. Ich sehe nach, was ich machen kann. *(Pause. Kommissar schaut auf ein Dokument.)* Sie, Herr Maier müssten bitte dieses Formular hier unterschreiben.

Herr Maier: Was für ein Formular ist das?

Kommissar: Das ist ein Entlassungsschein, der besagt, dass Sie, Herr Maier, die alleinige Verantwortung für diese Kinder übernehmen werden. So können wir Sie dann auch in unsere Kartei als...eintragen.

Herr Maier (aufgeregt): Wie bitte, ich soll in eine Kartei aufgenommen werden? Und wofür soll ich die Verantwortung übernehmen?

Kommissar: Regen Sie sich nicht auf, das ist nur eine Vorsichtsmaßnahme. Und was die Kartei betrifft: das ist nicht so schlimm.

Herr Maier: Für Sie vielleicht nicht...

Kommissar: Nö, lassen Sie mich mal in unserer Datei nachschauen... *(schaut auf den Computer, Pause.)* Jawohl, jawohl *(mit singender und freudiger Stimme)*! Sie sind schon drin, Herr Maier! Sie sind schon drin, Herr...

Herr Maier: Wie bitte?! Ich verstehe nur Bahnhof. Was habe ich denn getan?

Kommissar: Das ist nicht doch schlimm, Herr Maier. Das ist nicht schlimm. Lassen Sie mich genau nachschauen…ja, ja, ja vor genau 15 Jahren haben unsere Kollegen von der Verkehrspolizei Sie parkend in Ihrem Auto kontrolliert, und Herr Maier…Sie hatten keinen Führerschein bei sich.

Herr Maier (baff): So was, so was. Ich, ich verstehe, lassen Sie mich nachdenken

(Pause. Dann sauer). Ja, ich kann mich entsinnen. Ich hatte unseren Wagen von der Garage bis vor unsere Haustür gefahren. Das sind höchstens 15 Meter.

Kommissar: Ja, ja, unsere Kollegen erledigen ihre Arbeit gründlich. Also wie gesagt: Es ist alles nur eine Kleinigkeit...So, ich bitte Sie jetzt, dieses Formular zu unterschreiben und ich rufe sofort die Kollegen. *(Der Kommissar nimmt den Hörer ab.)* Sind die Identitäten nachgeprüft worden? Also müssen wir sie nicht abschieben? Nein? Sehr gut, bringen Sie bitte die Kinder in mein Büro. So, Herr Maier. Sie kommen gleich hierher und dann können Sie gemeinsam nach Hause gehen.

(Herr Maier unterschreibt das Formular, die Kinder kommen ins Büro des Kommissars. Sie freuen sich, Herrn Maier zu sehen und nehmen ihn in die Arme. Herr Maier ist steif und berührt.)

Herr Maier: Auf Wiedersehen, Herr Kommissar Abdruck und vielen Dank. Grüßen Sie Ihre Gattin von mir.

Kommissar: Auf Wiedersehen, Herr Maier. Grüßen auch Sie Ihre Gattin.

(Der Kommissar sitzt alleine in seinem Büro, plötzlich kommt ein Mann hinein.)

Herr Spitzel: Guten Abend, Spitzel mein Name. Vom BBA – Bundes Belausch Amt.

Kommissar: Wie bitte? Guten Abend, Herr Spitzel vom BB...was?

Herr Spitzel: Schon gut, kommen wir gleich zur Sache: Wir möchten Informationen über Herrn Maier. Wir wiss...

Kommissar: Was, über Herrn Maier, Herrn Lothar Maier? Wieso?

Herr Spitzel: Kommen Sie, der Paragraph 029b ist Ihnen bekannt, oder?

Kommissar (tut so, als ob er diesen Paragraphen kennt): Ja, ja, der ist mir selbstverständlich bekannt!

Herr Spitzel: Gut, dann kennen Sie nicht zufällig auch die 3Bs?

Kommissar: Nein, tut mir leid.

Herr Spitzel: Hahaha, die 3Bs:
Beobachten, Bespitzeln, Belauschen!

Kommissar (zum Publikum): Es könnte
genauso gut bekloppt, beschissen,
bescheuert heißen. *(Dreht sich wieder zu
Herrn Spitzel.)* Und was wollen Sie mir
damit sagen, Herr Spitzel?

Herr Spitzel: Durch unser System „Bürger
beobachten Bürger" sind wir darüber in
Kenntnis gesetzt worden, dass Herr Maier
illegale Flüchtlinge versteckt und mit
Aktivisten des Tee-Netzwerks
sympathisiert.

Kommissar (außer sich): Ja sind Sie noch
normal?! Hören Sie zu, ich kenne Herrn

Maier schon seit längerer Zeit, wir wohnen in derselben Straße, und ich versichere Ihnen, Herr SPITZEL, dass Herr Maier keine illegalen Menschen versteckt!

Herr Spitzel: Aaah ja, sehr interessant.. Sie wohnen in derselben Straße wie Herr Maier...vielleicht auch im selben Haus?

Kommissar (sehr verärgert): Hören Sie auf damit! Verdächtigen Sie mich jetzt, oder was? Herr Spitzel vom BBA…

Herr Spitzel: Aber, aber. Beruhigen Sie sich doch, Herr Kommissar Abdruck. Das war nur eine Feststellung. Nur eine Feststellung…

Kommissar (zum Publikum, imitiert ironisch Herrn Spitzel): Nur eine Feststellung, nur eine Feststellung? So ein Schwachsinn! *(Dreht sich wieder zu Herrn Spitzel.)* Sie brauchen keine Feststellungen zu machen.

Herr Spitzel: C'est la vie, wie die Franzosen sagen. So. Wir wollen eine vollständige Überwachung der Wohnung des Herrn Maier. Und Sie und Ihre Kollegen werden uns dabei unterstützen. Das…*(triumphiert)* kommt von oben!

Kommissar: Und wie soll das aussehen, Herr Spitzel?

Herr Spitzel: Ganz einfach, ganz einfach, Herr Kommissar Abdruck: Ihre Männer müssen ständig das Haus der Maiers beobachten. Das heißt, alle Menschen, die ins Haus hinein- oder aus dem Haus hinausgehen, müssen erfasst werden. Sie installieren Kameras mit Wanzen im Treppenhaus sowie in der Wohnung des Herrn Maier.

Kommissar (genervt): Wie stellen Sie sich das vor, Kameras und Wanzen bei den Maiers zu installieren? Bitte *(sarkastisch)*!?

Herr Spitzel: Ganz einfach. Sie warten bis Herr Maier zur Arbeit geht. Ihre Männer sind mit Uniformen der Stadtstromversorgung verkleidet. Der Rest ist dann nur noch ein Kinderspiel, Herr Abdruck. Und dann können wir *(stellt sich vors Publikum)* gemeinsam das Lied „Auf der Mauer von Herrn Maier ist 'ne kleine

Wanz'. Siehst du nicht die Wanze an, wie die Wanze hören kann, auf der Mauer von Herrn Maier..."

Kommissar (stellt sich vor das Publikum, laut.): Jetzt dreht er durch *(entgeisterter Gesichtsausdruck)*…Wir sollen also tatsächlich spionieren und in den Intimbereich eines Bürgers eindringen?

Herr Spitzel (verliert die Geduld): Moment mal, Herr Abdruck, soll das heißen, dass Sie diesen Befehl verweigern und nicht mit uns kollaborieren wollen? Dieser Einsatz kommt von ganzen oben, vom Innenminister Herrn Knast höchstpersönlich!

Kommissar (resigniert): Entschuldigung, so habe ich es nicht gemeint, Herr Spitzel vom BBA. Sie können selbstverständlich auf uns zählen und mit unserer vollen Unterstützung rechnen.

Herr Spitzel: Hoffen wir es. Ich schlage vor, dass Sie schon morgen mit der Arbeit beginnen. Wir kümmern uns derweil um den Arbeitsplatz von Herrn Maier. Auf Wiedersehen, Herr Kollege.

Kommissar: Auf Wiedersehen, Herr…*(Herr Spitzel ist bereits weg. Der Kommissar lässt den Kopf auf seine Hände sinken und spricht fragend zum Publikum:)* Und sowieso…das ist die Pflicht eines jeden Bürgers seine Kollegen oder Nachbarn auszuspionieren, wenn es vom Staat verlangt wird. Oder?

(Licht langsam aus. Lied: Neurisiko)

– 4. Szene –

Bühne geteilt. Ein Seite: Empfangsraum mit Sekretärin, andere Seite: Büro des Herrn Profit. Herr Spitzel und ein weiterer Beamter kommen hinein.

Sekretärin: Guten Tag, Sie wünschen?

Herr Spitzel: Spitzel mein Name, vom BBA. Wir möchten gerne mit dem Chef Ihrer Firma sprechen. Es ist dringend.

Sekretärin: Sie meinen Herrn Profit? In welcher Angelegenheit, bitte?

Herr Spitzel: Mit Ihnen reden wir nicht. Melden Sie mich sofort bei Herrn Profit an. *(Im Befehlston)* BITTE!

Sekretärin (beleidigt, nimmt den Telefonhörer ab): Herr Profit, hier sind Herren vom BBA – ein Herr Spitzel. *(kurze Pause).* Jawohl, Herr Profit *(hängt den Hörer wieder ein).* Sie können hinein, Herr Profit lässt bitten. *(Zeigt auf die Tür.)*

(Herr Spitzel tritt ins Büro von Herrn Profit.)

Herr Spitzel: Guten Tag, Herr Profit, wir sind vom BBA und...

Herr Profit: Guten Tag, Herr Spitzel vom was bitte?

Herr Spitzel: Vom BBA – Bundes-Belausch-Amt.

Herr Profit: Das kenne ich nicht. Ich kenne das BPA – Bundes-Profit-Amt, aber BBA…Nun gut, was führt Sie zu mir?

Herr Spitzel: Wir sind darüber in Kenntnis gesetzt worden, dass Ihre Firma einen Herrn Lothar Maier beschäftigt.

Herr Profit (erstaunt): Ja, das ist richtig. Und?

Herr Spitzel: Herr Lothar Maier wird verdächtigt mit musuli…ausländischen verdächtigen Personen gemeinsam konspirative Aktionen zu planen und durchzuführen.

Herr Profit: Wie bitte? Herr Lothar Maier? Das glaube ich nicht! Herr Maier ist der beispielhafteste Mitarbeiter unserer Firma.

Herr Maier ist mehr als 30 Jahren bei uns, immer pünktlich und, jawohl, nicht einmal krank gewesen! Auf Herrn Maier kann man sich verlassen.

Herr Spitzel: So, so, aber Herr Profit, Sie und Ihre Firma verdienen eine Menge Geld seit dem 11. September, oder? Und das mit Geschäften im Irak und in Afghanistan, lassen Sie mich nachschauen...*(nimmt ein Dokument aus seiner Aktentasche).* Ihre Firma liefert die Kameraüberwachungssysteme, die polizeilichen und militärischen Abschreckungswaffen und...

Her Profit (unterbricht ihn energisch): Hören Sie auf, ich weiß, was wir liefern.

Was wollen Sie eigentlich von uns, Herr SPITZEL?

Herr Spitzel: Oh Verzeihung. Ich wollte Sie nur daran erinnern, dass unsere Partner und wir so einen Tag inszen... durchgemacht haben. Es gab leider viele Opfer und Ihre Firma...

Herr Profit: Schon gut, ich habe verstanden. Kommen Sie endlich zum Punkt.

Herr Spitzel: Wir wollen, dass Sie Ihrem Mitarbeiter Herrn Maier ein wenig über die Schulter schauen.

Herr Profit: Sie meinem spionieren. Und wie sollen wir das tun?

Herr Spitzel: So kann man es auch nennen. Es ist ganz einfach: Sie setzen den Kollegen von Herrn Maier ein. Wir brauchen detaillierte Auskünfte über Telefonate, darüber, mit wem Herr Maier kommuniziert und sogar wann und wie lange Herr Maier auf dem Klo sitzt *(lacht)*.

Herr Profit: Ich habe verstanden. Wir kennen das sehr gut. Übrigens, ganz unter uns: Wir haben eine Überwachskamera mit Mikrofon in jedem Büro installiert. Und wissen Sie, Herr Spitzel *(lachend)*, die Mitarbeiter werden beobachtet, ohne es zu wissen!

Herr Spitzel: Sehr gut, Herr Profit, sehr, sehr gut. Wir freuen uns, Sie damals unterstützt zu haben. Also dann, auf gute

Zusammenarbeit! Auf Wiedersehen, Herr Profit.

Herr Profit: Auf Wiedersehen, Herr Spitzel. Grüßen Sie unseren Partner, den Überwachungsverordnungsminister Herr Glotzen von mir. Er ist ein alter Freund.

Licht geht aus, Herr Profit sitzt an seinem Schreibtisch, Herr V kommt herein.

Herr Profit: Guten Tag, Herr V. Sie sind mit Herrn Maier in derselben Abteilung beschäftigt. Sie arbeiten sozusagen mit Herrn Maier zusammen.

Herr V: Jawohl, Herr Direktor, seit genau 20 Jahren.

Herr Profit: Sehr gut, Herr V. Sagen Sie mal, wie ist eigentlich Ihr Verhältnis zu Herrn Maier?

Herr V: Äh…ja, gut…wir sind Arbeitskollegen und manchmal gehen wir gemeinsam Mittagessen in unserem Betriebsrestaurant.

Herr Profit (gespielt freundlich): Wunderbar, wunderbar. Das passt gut. So, Herr V, ich rede nun Klartext mit Ihnen *(nimmt eine Akte).*

Herr V (schleimig): Jawohl, Herr Direktor.

Herr Profit: Wir haben Sie ausgewählt, einen Auftrag zu erledigen.

Herr V: Um was für einen Auftrag handelt es sich, Herr Direktor?

Herr Profit: Um einen einfachen Auftrag. Sie sollen lediglich Herrn Maier nach Hause begleiten und sofort Bericht darüber erstatten, was dort besprochen wird und was geschieht. Das ist schon alles.

Herr V (ist in Verlegenheit geraten): Wie bitte? Entschuldigen Sie, Herr Direktor, aber ich verstehe nicht ganz...

Herr Profit (genervt, dass man ihn widerspricht): Soll das heißen, sie wollen der Firma nicht behilflich sein, Herr V? Nicht behilflich?

Herr V (sein Widerstand ist gebrochen): Doch, doch. Selbstverständlich stehe der Firma immer zur Verfügung.

Herr Profit: So ist das schön. Also, Sie begleiten Herrn Maier nach Hause und Sie berichten uns. Vielen Dank, Herr V, für Ihre Mitarbeit. Wir werden Sie für diesen Auftrag selbstverständlich entschädigen *(macht das Zeichen des Geldes mit den Fingern).*

(Herr Profit steht auf und gibt Herrn V die Hand. Herr V steht auf und gibt auch ihm die Hand, das erste Mal seit 20 Jahren. Herr V schaut das Publikum an und grinst. Das Licht geht aus, Spot auf Herrn V, Herr V spricht zum Publikum:)

Herr V: Man muss seiner Firma und dem Staat immer zu Verfügung stehen, so bekommt man kein Ärger...Wie soll ich Herrn Maier nach Hause begleiten, ohne dass er etwas bemerkt? *(nachdenklich)* Wie…? Ach, mir wird schon etwas einfallen, oder?

(Licht aus)

Bühne: Büro von Herrn V und Herrn Maier. Auf dem Tisch liegt ein Haufen Dossiers zum Bearbeiten.

Herr V: Einen wunderschönen guten Morgen, Herr Maier. Na, wie geht's, alter Kumpel? *(Herr V klopft auf die Schulter des Herrn Maier. Das ist das erste Mal.)*

Herr Maier (verdutzt): Na nu, sind Sie krank, haben Sie einen Vogel, HERR V?!

Herr V: Mir geht aus-ge-zeichnet, Herr Maier, danke der Nachfrage.

Herr Maier: Schön das zu hören... *(Herr Maier widmet sich kopfschüttelnd wieder seiner Arbeit.)*

Herr V: Haben Sie schon gehört, Herr Kollege? Wir müssen ab sofort mehr für die Firma tun, mehr erledigen...

Herr Maier (zum Publikum): Als ob es nicht schon genug Arbeit gäbe. Was wollen Sie damit sagen, Herr V, dass ich meine Arbeit nicht ordentlich mache?

Herr V: Neee, Sie sind ein ausgezeichneter und fleißiger Mitarbeiter. Es hat nichts mit Ihrer Leistung zu tun.

Herr Maier (ein wenig genervt): Womit hat es dann zu tun?

Herr V: Es bedeutet, dass wir, ja wir – Sie und Ich – mehr Arbeit leisten müssen. Sie und ich müssen sogar Arbeit mit nach Hause nehmen!

Herr Maier (aufgeregt): Wie bitte?! Heißt das, dass wir ab sofort auch noch zu Hause arbeiten müssen? So eine Frechheit…

Herr V: Ja leider, Herr Maier. Ja leider, aber Sie wissen genauso gut wie Ich, Herr Maier: Die Firma geht vor, oder? Wie schon alte Sprichwort sagt: „Wenn die Firma ruft…" *(lacht allein).*

Herr Maier (zum Publikum, macht Scheibenwischer): Ja ja, kenne ich. Wenn die Firma ruft, dann verarscht sie dich…

Herr V: Ach, so ist das? Also ich schlage vor, Herr Maier, dass ich heute nach Feierabend mit Ihnen nach Hause gehe, damit wir gemeinsam die Arbeit erledigen können.

Herr Maier (völlig durcheinander): Sie wollen mit mir nach Hause gehen? Sagen Sie mal, ist das Ihr Ernst?

Herr V: Äh, ja...

Herr Maier: WIESO können wir nicht einfach im Büro bleiben und die Arbeit hier erledigen?

Herr V (nervös, ein wenig überfragt):
Weil...weil...weil die Putzfrauen da sind
und sie müssen ihre Arbeit auch
ordentlich machen. Sie müssen gründlich
sauber machen können und außerdem ist
das eine Anordnung von Herrn Profit
persönlich.

Herr Maier: Wie, von Herrn Profit und
wieso?

Herr V (verärgert): Sie, Sie immer mit
Ihrer Fragerei. Sie fragen zu viel. Wann
sollen wir denn die Arbeit sonst erledigen,
BITTESCHÖN?! Vergessen Sie nicht,
Herr Maier, morgen früh soll die Arbeit
fertig sein und damit basta!

Herr Maier (sehr verärgert): Was heißt hier
„und damit basta", Herr Kollege? ICH...

Herr V (unterbricht Herrn Maier):
Entschuldigung, so war es doch nicht
gemeint, Herr Maier. Schauen Sie, ich
bringe ein Flasche Wein mit und... ich
kann auch nichts dafür. Eine Anordnung
des Chefs...

Herr Maier: Schon gut. Ich rufe meine
Gattin an *(nimm der Hörer ab)*. Helga, ich
bringe heute einen Gast mit nach Hause.
Wie bitte, nein um Gottes willen, nein,
Herr V wird nicht bei uns übernachten,
nicht bei uns. Ja schon, das Abendbrot,
aber mehr nicht. Auf Wiederhören.

*(Herr Maier legt auf. Herr V und Maier
schauen sich an. Herr V lächelt Herrn Maier
wissend an.)*

Herr Maier (zum Publikum): Was guckt er denn so blöd…?!

(Licht aus. Lied: Irie Révoltés – Zeit ist Geld)

– 5. Szene –

Bühne: Haus von Herrn Maier. Herr V
und Herr Maier sitzen am Tisch, es
liegen eine Menge Dokumente herum.
Frau Maier kommt herein.)

Frau Maier: Entschuldigung, Lothar,
guten Abend Herr V *(Herr V nickt nur mit*
dem Kopf). Unsere ausländischen
Nachbarn, die Sanspapiers müssten
dringend einen Brief an das Bundesver...

Herr Maier (unterbricht seine Frau sofort
und verärgert): Helga, BITTE nicht jetzt!
Du siehst doch, wir haben zu tun.

Herr V (zum Publikum, nimmt sein
Notizbuch): So, so ein verdächtiger Brief
an das Bundesver...verstaatlichungsamt?

Nee, Bundes…verehrlichungssamt? Nein, das gibt es auch nicht. Bundes…was? *(Zum Publikum:)* Wissen Sie das? Jetzt habe ich's: Bundesverteidigungsamt. Holala *(reibt sich die Hände)*. Herr Profit wird mit mir sehr zufrieden sein *(Herr V spitzt demonstrativ die Ohren)*.

Frau Maier: Trotzdem, Lothar. Ich muss dir sagen, dass unsere Polizei überhaupt nicht richtig gehandelt und gearbeitet hat.

Herr V (Notizbuch): Polizei nicht richtig gehandelt, sogar nicht richtig gearbeitet…

Herr Maier: Ich weiß, Helga, ich habe selbst mit unserem Bekannten, Kommissar Abdruck, gesprochen und wir haben vereinbart… ach, wieso erzähle ich dir so

etwas? Hast du nicht in der Küche zu tun,
Frau?

Frau Maier: Entschuldige, Lothar. Ich
mache jetzt das Abendbrot. Ihr habt
bestimmt Hunger?

*(Herr V nickt wieder, Frau Maier geht.
Herr V schreibt weiter auf seinem
Notizbuch.)*

Herr V: Interessant, interessant.
Kommissar Abdruck. Sogar unsere Polizei
ist mit in diese Verschwörung verwickelt.
Herr Profit wird sehr, sehr zufrieden sein!

*(Es klingelt an der Tür. Frau Maier öffnet
sie, Amie, die Nachbarstochter kommt mit
einem Paket hinein.)*

Amie: Entschuldigen Sie die Störung, Frau Maier. Dürfte ich dieses Paket bei Ihnen lassen… *(kurze Pause)* bis meine Mutter zurückkommt? Ich muss schnell zurück zur Schule, ich soll ein Referat halten. Wissen Sie, für meine Deutschnote.

Frau Maier: Selbstverständlich, Kind. Weiß deine Mutter Bescheid?

Amie: Ja, ich habe mit ihr telefoniert. Sie kommt in ca. 15 Minuten. Vielen Dank, Frau Maier. Auf Wiedersehen.

Frau Maier: Auf Wiedersehen *(nimmt das Paket, das ein komisches Geräusch von sich gibt)*.

Herr V (Notizbuch): Verdächtiges Paket, komisches Geräusch, vielleicht…vielleicht eine Bombe? Es wird eine Bombe platzen, wenn der Herr Profit alles erfahren wird *(zum Publikum)* und wissen Sie, von wem der Chef alles erfahren wird? Von MIR ja ja ja *(grinst blöd, schaut das Publikum an und bewegt seinen Kopf hin und her).*

(Licht aus.)

(Herr V sitzt alleine im Zimmer und telefoniert. In Hintergrund hört man die Stimme des Direktors.)

Herr V: Guten Abend, Herr Direktor Profit. Hier V am Apparat.

Herr Profit: Ja ja, ich weiß schon, wer Sie sind. Guten Abend, Herr V...also?

Herr V: Sie hatten recht, Herr Direktor, Sie hatten recht! Ich hätte es selbst nicht gedacht, Herr Direktor...

Herr Profit: Schon gut, also, was haben Sie mir zu beichten, Herr V?

Herr V: Sie planen, das Bundesverteidigungsamt anzugreifen.

Herr Profit: Wie bitte?! Sind Sie verrückt? Wie und wann?

Herr V: Wann weiß ich nicht. Ich konnte es leider nicht herausfinden, Herr Direktor. Aber diese ausländische Gruppe hat Herrn Maier ein Paket gebracht und wissen Sie, was in diesem Paket war? Eine Bombe, Herr Direktor, eine Bombe!

Herr Profit: Sind Sie sicher? Kommen Sie, sind Sie da 100%ig sicher, Herr V?

Herr V: Jawohl, Herr Direktor, jawohl. Als Frau Maier das Paket in Empfang genommen hat, hat das Paket ein komisches Geräusch gemacht.

Herr Profit: Ein komisches Geräusch? Wie, ein komisches Geräusch, etwa wie ein Wecker?

Herr V: Jawohl, Herr Direktor, wie ein Wecker.

Herr Profit: Oh mein Gott! Das ist ernster als ich gedacht habe. Sehr gute Arbeit, Herr V, sehr gute Arbeit.

Herr V: Danke, Herr Direktor, aber das war noch nicht alles.

Herr Direktor: Haben Sie noch etwas zu berichten, Herr V?

Herr V: Jawohl, Herr Direktor, jawohl *(mit listiger Stimme)*. Stellen Sie sich vor, Herr Direktor unsere Polizei steckt auch in dieser Verschwörung drin.

Herr Profit: Kommen Sie, Herr V, Sie halluzinieren.

Herr V: Oh nein, sehr geehrter Direktor, oh nein. Ein gewisser Herr Kommissar Abdruck steckt tief mit drin und er gehört sogar der Gruppe an...Ich will sogar meinen, dass der Kommissar Abdruck der Kopf diese Zelle ist.

Herr Profit (unterbricht Herrn V): Aber jetzt hören Sie auf bitte, wie können Sie so sicher sein? Wir brauchen Fakten, FAKTEN, Herr V.

Herr V (mit säuselnder Stimme): Also Herr Maier hat seiner Gattin gegenüber die gute Zusammenarbeit mit dem Kommissar betont. Und er sagte auch, dass Herr Abdruck über den Plan Bescheid wusste und, und...

Herr Profit: Ausgezeichnet, Herr V. Ich bin mit Ihrer Arbeit sehr zufrieden. Kommen Sie morgen früh in mein Büro. Auf Wiederhören.

Herr V (zufrieden grinsend hängt den Hörer ein, zum Publikum): Er spricht die

Wahrheit nicht wirklich an. Aber wer spricht heutzutage schon die Wahrheit an? Die Regierung? Die Polizei? Die Banken? Die Presse? Wer? Sie, Sie, Sie *(zeigt mit dem Finger auf das Publikum)*?

(Licht aus. Lied: Irie Révoltés – Dis-moi où)

3. AKT

– 1. Szene –

Herr Profit und Herr Spitzel sind in Büro, schütteln sich die Hand.

Herr Profit: Guten Tag, Herr Spitzel, ich muss ehrlich sagen: Hut ab, Herr Spitzel, Hut ab. Sie haben recht, Sie haben eine Näschen dafür *(tippt mit dem Finger auf seiner Nase)*.

Herr Profit: Guten Tag, Herr Profit, lassen Sie hören.

Herr Profit: Also, wir haben Herrn Maier nachspioniert und unser Informant berichtete, dass Herr Maier einer der Hauptbegründer der Teo-Zelle ist...

Herr Spitzel (reibt sich die Hände und mit triumphierender Stimme): Ich habe es gewusst, ich habe es gewusst!

Herr Profit: Moment, das ist noch nicht alles. Sie planen, das Bundesverteidigungsamt anzugreifen und zu bombardieren.

Herr Spitzel: Wie bitte?! Bombardieren… – diese Meldung ist so ernst, dass ich sofort unseren Innenminister für Sicherheit und Ordnung, Herrn Lügner, benachrichtigen werde.

Herr Profit: Warten Sie mal, Herr Spitzel, warten Sie mal. Das war noch immer nicht alles. Raten Sie mal, wer der Kopf dieser Bande ist, ja: Wer ist wohl der Kopf?

Herr Spitzel: Herr Maier vermutlich.

Herr Profit (triumphiert): Nein, Herr Spitzel, nein. Der Kommissar Abdruck von der Polizei ist es, von der Polizei...

Herr Spitzel: Waaaaas? Herr Abdruck?! Dieser Fuchs, ich traute ihm von Anfang an nicht über den Weg, als ich neulich bei ihm war *(kurze Pause).* Er wollte zuerst nicht mit uns kollaborieren, verteidigte sogar Herrn Maier. Jetzt verstehe ich alles, auch warum Abdruck gegen die Überwachung war…Sehr gut, sehr, sehr gut.

Herr Profit: Aber es gibt leider ein kleines Problem und zwar wissen wir nicht, WANN die Teo-Bande zuschlagen wird.

Herr Profit: Macht nichts, Herr Profit, macht nichts. Wir werden eben ein wenig nachhelfen.

Herr Profit: Was meinen Sie mit „ein wenig nachhelfen", Herr Spitzel?

Herr Spitzel: Es ist ganz einfach, Herr Profit, ganz einfach. Sie können sich bestimmt an die Raff...ting-Bande erinnern, nicht?

Herr Profit: Ja, ja sehr gut. Wieso?

Herr Spitzel: Wir haben ihnen geholfen *(kurze Pause)*. Viele Dinger haben wir selbst inszeniert. Sie wissen, Herr Profit, wir haben die Medien immer in der Tasche. Sie schreiben, was wir wollen. Sogar als ihre Anführer liquid...gestorben sind, haben wir das als suizidale, kollektive Aktion verkauft bzw. es als solche publizieren lassen.

Herr Profit: Das stimmt, die Kameras sind abgeschaltet worden. Unsere Experten haben es als Panne...

Herr Spitzel (unterbricht Herrn Profit): SO, Sie haben also verstanden. Ich habe mit dem Eigentümer des Hauses von Herrn Maier gesprochen. Er wird die Maiers kündigen.

Herr Profit: Hat er sofort mitgemacht?

Herr Spitzel: Am Anfang war er nicht so begeistert und einverstanden, aber ich drohte ihm mit einer Anklage wegen Verrat am Vaterland *(lacht laut)*. Und Sie, Herr Profit, entlassen Herrn Maier.

Herr Profit: Das wird nicht so schwierig sein – ein Kinderspiel. Aber entschuldigen Sie meine Neugier: Was ist der Zweck dieses ganzen Tuns?

Herr Spitzel: Wir nehmen Herrn Maier und seine Bande in die Zange. Wir nehmen ihm alle seine bürgerlichen Rechte.

Herr Profit (zum Publikum): Wie viele Rechte haben die Bürgerinnen und Bürger denn noch? Die Gesetzte haben wir doch selbst kreiert.

Herr Spitzel: So müssen Herr Maier und seine Bande schnell handeln und dann werden sie Fehler machen.

Herr Profit: Und wir warten auf diese Fehler.

Herr Spitzel: Und wir nehmen sie fest.

Herr Profit: Und wir transportieren sie.

Herr Spitzel: Und wir informieren die Presse.

Herr Profit: Und sind wir die Gewinner.

Herr Spitzel: Wie immer.

Herr Profit: Wie immer.

Herr Spitzel: Und wir bekommen das Bundesverdienstkreuz!

(Während dieses Dialogs stehen Herr Profit und Herr Spitzel langsam auf und klatschen sich gegenseitig in die Hände. Licht langsam aus.)

(Stimme im Dunkeln): Herr Maier hat seine Arbeit verloren, seine Wohnung ist ihn gekündigt worden, seine Frau hat ihn verlassen und ist zu ihrer Schwester gezogen.

(Die Wohnung ist leer. Herr Maier ist allein zu Hause, man hört ein Telefon klingeln.)

Stimme: Hier ist Herr Angriff vom Anti-Terror-Kommando, sollen wir jetzt angreifen?

(Stimme von Herrn Spitzel): Nein, noch nicht. Beobachtung, Belauschung, Bespitzlung ist unsere Devise! Warten Sie noch, Herr Angriff bis...

Herr Angriff: In Ordnung.

(Herr Maier ist in der Mitte der Bühne und bewegt sich langsam zum Publikum. Er setzt sich an den Rand der Bühne, schaut das Publikum an.)

Herr Maier: Oh Gott. Verstehst du das? Wenn du mir keine Antwort gibst und es auch nicht verstehen kannst, wer soll mir dann noch helfen? Wie kann ich das jemals verstehen? Wie? *(Zum Publikum:)* Und Sie, können Sie das verstehen? Und Sie, können Sie mir eine Antwort geben? Wer hier kann mir helfen? *(Pause. Herr Maier ist im Publikum.)* Vor einer Woche sagte mein Chef zu mir: *(der Spot beleuchtet Herrn Maier nicht mehr, sondern wird auf den Hintergrund gerichtet.)*

(Stimme von Herrn Profit): Herr Maier, Sie haben einen großen Fehler gemacht. Ihr Kollege, Herr V, hat mir davon berichtet. Wir kennen uns seit mehr als 30 Jahren und ich habe Ihnen, jawohl, Herr Maier, voll vertraut und Sie sehr geschätzt. Aber die Firma kommt vor dem menschlichen Gefühl, Herr Maier, und das wissen Sie auch. VORM menschlichen Gefühl. Ich

muss Sie leider entlassen, ich erteile Ihnen hiermit eine sofortige Kündigung.

(Pause. Spot wieder auf Herrn Maier.)

Herr Maier (zeigt mit einem Finger auf seine Brust): Ich, ich fragte nach, was für ein groben Fehler ich gemacht hätte und was Herr V wohl berichtet hatte. Und wissen Sie, was Herr Profit geantwortet hat? *(zum Publikum.)* „Es tut mir leid, Herr Maier, es tut mir leid. Das ist Betriebsgeheimnis. Auf Wiedersehen." Ich war baff, wie gelähmt. Kein Wort brachte ich mehr heraus...Ich schwieg. Mein Bauch tat mir weh vor Wut. Als ich nach Hause kam, erzählte ich meiner Frau davon. Sie fing an zu weinen und sagte: *(der Spot beleuchtet Herrn Maier nicht mehr, sondern wird auf den*

Hintergrund gerichtet.)

(Stimme von Frau Maier): Lothar, um
Gottes willen. Was hast du getan, was hast
du getan? Du denkst nur an dich, wie
immer, was wird nur aus uns werden?
Mein ganzes Leben habe ich mich für dich
geopfert und jetzt... (Pause.)

(Spot wieder auf Herrn Maier.)

Herr Maier: Ich war wieder baff, gelähmt.
Ich konnte nicht mehr hören, was Sie
sagte...

*(der Spot beleuchtet Herrn Maier nicht
mehr, sondern wird auf den Hintergrund
gerichtet.)*

(Stimme von Frau Maier): Dein Chef, Herr Profit, musste einen guten Grund gehabt haben, um dich zu entlassen. Sonst hätte er es bestimmt nicht getan. Herr Profit ist ein guter Mensch.

(Spot wieder auf Herrn Maier.)

Herr Maier: Ich war sauer und sagte einfach so aus dem Bauch heraus: *(zum Publikum: Kennt ihr das auch?)*

Ja ja, Herr Profit, das Profitchen. Der Profit, der die Kriege, polizeiliche Gewalt und Hungersnot unterstützt und verursacht. Und der Profit, der die Bürger ständig ausspionieren lässt!

*(Wieder Pause, sein Gesicht verfinstert sich.
Herr Maier steht in der Mitte des
Publikums.)*

Das Traurigste ist: Ich, ICH habe
mitgemacht. 30 Jahren lang mitgemacht.
Und geschwiegen. Sie kennen das auch.
Kennen Sie das auch?

*(Herr Maier geht wieder auf die Bühne, fällt
auf den Boden. Frau Sanspapiers kommt
hinein mit einem Teller voll Essen. Sie geht
zum ihm, packt ihm unter den Arm.)*

Frau Sanspapiers: Kommen Sie, Herr
Maier. Sie müssen etwas essen, kommen
Sie zu uns. Wir werden schon eine Lösung
finden.

Herr Maier schaut Frau Sanspapiers an,
geht sehr langsam mit ihr. Licht geht
langsam aus.

Währenddessen gehen alle
SchauspielerInnen von der hinteren Tür
durchs Publikum. An die Ausgangstüren
kleben sie Plakaten: „Der Ersten, der
geht, bezahlt für alle." Die Schauspieler
haben sich unter das Publikum gemischt.
Das Lied „Crois En Toi" wird gespielt,
die Schauspieler animieren die Zuschauer
zum Tanzen. Vor Ende des Liedes gehen
die Schauspieler auf die Bühne und
stellen sich in einer Reihe auf. Jeder trägt
ein T-Shirt mit einem Buchstaben drauf.
Zusammen ergibt sich das Wort
FREIHEIT steht. Die Schauspieler stellen
sich vor. Danach wird gesagt, dass die

Zuschauer nicht gehen, sondern über das Stück reden sollen und Vorschläge machen dürfen. So wird das Stück immer wieder erneuert.

Der Autor Alain Charlemoine ist am
8. Januar 1954 in Paris geboren. Er besitzt
einen Weltbürger-Pass und hat in seinem
Beruf als Erzieher u.a. viele Jahre
erlebnispädagogische Maßnahmen mit
schwer erziehbaren Jungendlichen
durchgeführt. Er ist politisch engagiert,
organisierte beispielsweise No-Border-
Camps und Camps gegen G8.

2007 Veröffentlichung des Kinder- und
Jugendbuches „Die Geschichte von Pablo,
Carlos und Larissa. Oder wie die Kinder
die Welt retten wollen" (Wagner Verlag).

Herstellung und Verlag:
Books on Demand GmbH, Norderstedt
ISBN 978-3-8423-7064-7